REPROCHES

A

L'OPPOSITION.

(Nº IV.)

Par J. B. T. Leclere,

A PARIS,

DE L'IMPRIMERIE DE CHASSAIGNON,

RUE GÎT-LE-CŒUR, Nº 7.

1823.

PRÉFACE.

C'est un langage tout nouveau que des reproches adressés aux membres de l'Opposition par un ami sincère de la liberté, eux qui n'ont été accoutumés qu'aux plus grands éloges jusqu'ici. C'est pourquoi je n'hésite qu'en tremblant à m'adresser à un public prévenu peut-être encore, et sur-tout à attaquer un parti qui a tant de libel-listes à ses ordres, et de journaux dévoués.

Si je donne ce discours séparément, c'est qu'il a rapport à la situation actuelle de l'Opposition depuis les élections der-nières, et qu'il n'attaque aucune question de politique générale. De plus, ces essais n'ayant point été destinés à être publiés, le ton en paraîtrait trop hardi et trop fier pour des esprits accoutumés à des discours doucereux où l'on se renvoie, il est vrai, les imputations les plus injurieuses et les plus insultantes, mais aussi avec toute la poli-

tesse, l'élégance et l'urbanité française, et sans manquer même à la moindre des convenances sociales. La liberté, selon moi, n'admet point de réticences. Démosthènes combat, terrasse Eschine, et le fait envoyer en exil; mais sa bourse est à son adversaire. Voilà les mœurs de la liberté. Les mœurs du despotisme, au contraire, c'est le poison du serpent sous une écaille brillante et polie; c'est le langage flatteur du courtisan, alors même qu'il médite votre perte. Au surplus, on ne trouvera que trop de cette hardiesse dans celui-ci. Puisse ce langage ne pas paraître trop étranger à nos habitudes, et n'être pas repoussé entièrement!

REPROCHES

A

L'OPPOSITION.

Les colléges électoraux viennent de terminer leurs opérations. Le résultat, si contraire aux vœux et aux espérances de quelques hommes, et la situation de la France après un événement aussi remarquable, est un motif assez puissant pour que je cherche à en approfondir toutes les causes et développer toutes les conséquences. C'est ce que je vais faire avec toute la justice et l'impartialité, mais aussi toute la sévérité dont je suis capable.

Je n'ai point l'intention de rappeler mes conseils et mes prédictions, ni de mortifier des vaincus; je n'ai point non plus la sotte vanité de me faire un sujet de triomphe de ce qui n'était que trop apparent aux yeux du plus simple. En persistant dans leurs systèmes et leurs maximes, ils n'ont fait de tort qu'à leurs intérêts propres; mais la France, en les abandonnant, a, selon moi, remporté la plus belle victoire et assuré son avenir.

On se demande chaque jour pourquoi la France nouvelle est si timide ; pourquoi, si forte de ses ressources et de ses moyens, elle ne peut lutter avec avantage contre une poignée d'adversaires renfermés dans son sein, et pourquoi même elle se trouve sans armes contre leurs desseins pernicieux ? Qui osera dire que tout est à sa place ; que tous les hommes qui sont à la tête de ses affaires sont dignes, par leurs lumières et leurs vertus, de l'éclairer et de la diriger ? Qui osera proclamer enfin que leurs actes sont irré-prochables ? Un parti bien représenté a toujours du courage et de l'énergie. Alors il ne faudrait plus voir dans les Français qu'une nation d'esclaves ou de vils égoïstes, sans générosité, sans grandeur d'ame, uniquement occupés de séparer leurs intérêts personnels de ceux de la patrie, et de jouir des grossiers avantages que procure un honteux repos. Mais, dédaignant de disculper les Français de ces suppositions injurieuses, j'aime mieux croire que, si elle se trouve dans une impuissance politique, la faute en est à ses chefs ; j'aime mieux rejeter tous les torts sur ceux qui s'en disent les seuls représen-tans et les seuls défenseurs. Oui, sans doute, on peut protester en toute assurance que, loin d'avoir été conseillée et dirigée d'une manière digne de sa gloire et de ses hautes destinées, la France s'est vue tout-à-coup assaillie et tourmentée par une foule de brouillons effrontés, ambitieux, ineptes, stupides, et indignes mille fois, par leurs caractères et leurs vertus, d'obtenir sa confiance et son estime.

Loin de moi la pensée d'envelopper tous les membres de l'Opposition dans la même proscription; je ne suis pas injuste à ce point. Car si nous avons vu surgir du sein de nos secousses politiques, comme dans les tempêtes le limon surgit au-dessus des eaux, une foule d'hommes emportés, violens, présomptueux : par un retour heureux, nous avons vu aussi s'élever à côté d'eux une masse imposante d'hommes sages et éclairés. Mais que peut l'homme de paix au milieu des passions? Leurs voix, pour la plupart du temps étouffées sous les clameurs et les vociférations de leurs collègues, étaient presque toujours réduites au silence.

Si l'on cherche les causes de l'élévation de ces mêmes hommes qui dominent la scène politique et nous fatiguent de leurs importunes clameurs, il ne faut s'en prendre qu'aux temps et aux circonstances. Le peuple français, long-temps étonné et étourdi par de grands revers, d'horribles catastrophes, et par des changemens subits et complets dans son administration, savait à peine alors distinguer ses amis d'avec ses ennemis. Au milieu de cette anarchie de sentimens et d'opinions, eux seuls se mirent en avant en se parant de beaux dehors, et prenant l'aspect du patriotisme le plus pur; et les électeurs de la France leur accordèrent sans balancer une confiance

qu'ils avaient à justifier et à conserver. Au lieu de prendre en main nos intérêts, de les poursuivre selon les vœux et l'esprit de la France, nous les avons vus depuis lors, sortant sans cesse des bornes de la décence et de la modération, s'occuper entièrement à parvenir au pouvoir, et à éterniser un triomphe qu'ils avaient obtenu momentanément et par surprise.

Aujourd'hui donc que les électeurs de la France désabusés viennent d'éloigner quelques-uns de ces insensés d'un théâtre qu'ils remplissaient avec si peu d'honneur, et d'une manière si peu conforme à la grandeur de leur mission, j'avoue que, loin d'en gémir, j'en ressens même de la joie, et je commence à entrevoir une lueur d'espoir qu'ils m'avaient fait perdre, soit lorsque je les voyais échauffant les passions des mécontens et ralentissant l'ardeur des bons, soit lorsque je voyais leurs ambitions diviser les esprits, multiplier les partis, et susciter ainsi des embarras inextricables à la France, et la plonger de plus en plus dans le gouffre, au lieu de l'en retirer.

Je ne sais si, après une telle chute, ils s'applaudissent encore de leur puissance, et s'ils conçoivent encore l'espoir de nous ramener autour d'eux par de nouveaux essais et un nouveau manége; mais déjà dans leur orgueil et leur aveuglement, et ne voulant pas comprendre le discrédit où ils sont tombés, ils accusent les électeurs indépendans d'in-

souciance coupable, les électeurs fonctionnaires,
de bassesse; et, dans leurs jugemens sacriléges,
ils vont jusqu'à nous accuser d'aimer les despotes et
les tyrans. Ah! c'est plutôt aux uns à les accuser de
n'offrir à leurs choix que des hommes emportés,
violens, dont toute la conduite politique est presque
un scandale journalier; c'est plutôt aux autres à les
mettre dans l'alternative de faire des choix qu'ils
réprouvent contre leurs intérêts, ou de voter pour
des adversaires, en conservant du moins leurs fonc-
tions et leur fortune; c'est plutôt à nous tous enfin
à les accuser d'oser aspirer publiquement à nous
gouverner, lorsque non seulement ils en sont incapables par leurs talens, mais encore parce qu'ils
en sont indignes par leurs caractères et leurs antécédens.

Eh! qui sont-ils donc pour exiger des premiers
du dévouement à leur propre cause, des seconds
l'abandon de leur existence et peut-être celle d'une
famille entière, de nous tous enfin des sacrifices et
de l'enthousiasme? Ont-ils su créer en leur faveur,
par des actes de vertu, de courage, de grandeur, et
par de nombreux bienfaits à la patrie, une opinion
prononcée qui déshonore les uns et venge les autres?
Ont-ils su animer tous les gens de bien d'un saint
zèle pour leur cause, eux au contraire qui, par
leurs débats ignobles et leur attitude dégradée, ont
porté l'incertitude dans tous les esprits, communiqué

ou la timidité ou l'insouciance à tous les cœurs; eux encore qui n'ont plus pour auxiliaires et pour soutiens que les mécontens, et quelques honnêtes gens séduits et égarés?

Si donc les colléges électoraux n'ont pas rempli leur attente et s'ils ont trompé leurs espérances, qu'ils n'en accusent pas même des lois spoliatrices de leurs droits; qu'ils n'en accusent qu'eux seuls, qui n'ont pas compris que ce n'était que par une conduite courageuse et fière, décente et noble, qu'on acquérait la confiance et l'estime des Français, et qu'on donnait du ressort à tous les esprits. Ces lois, je le veux bien, donnent à nos adversaires une grande puissance. Joignez à cela les nombreux moyens d'influence que leur donne la possession du pouvoir. Mais rien ne pourrait contrebalancer la puissance des électeurs de la nation, rien ne pourrait intimider les fonctionnaires électeurs, si des candidats, hommes de bien, étaient offerts à leurs votes; rien enfin ne pourrait empêcher le triomphe de la France nouvelle, si elle n'était pas égarée et trompée par les éloges fastueux des écrivains à gages et les déclamations emphatiques de la tribune.

Que ces mêmes hommes ne prétendent point prouver leur légitimité par quelques nominations qu'ils obtiennent encore dans les colléges électoraux; qu'ils ne viennent point se targuer de ces succès partiels. Ne sait-on pas comme se font les élections ? Au moyen de quelques citoyens intrigans et brouillons, répandus dans tous les départemens dévoués à leurs conseils et à leurs ordres, ils trompent ou séduisent la plupart des électeurs peu éclairés ; et l'honnête homme, obligé à voter entre un ennemi et un de leurs partisans, vote cependant pour ce dernier, de deux maux choisissant le moindre. Il faut voir alors comme ce candidat, élu avec une majorité si peu honorable et composée d'électeurs qui, pour la plupart, ne connaissent ni son caractère ni même son nom, fier de son triomphe et plein d'une joie superbe, vient étaler à la tribune sa suffisance et son orgueil.

Toutes ces réflexions ne sont point des conjectures hasardées, des déclamations sans fondement que me dictent la haine, l'animosité personnelle, ou quelque autre petite passion ; il n'en est aucune que l'on ne puisse prouver par des faits, quand bien même l'inspection seule des luttes électorales ne suffirait pas.

Pourquoi, par exemple, voit-on dans tous les colléges les candidats du parti, proposés par les journaux avec tant de solennité et des éloges si pompeux, et soutenus encore par leurs affidés, partout ballottés avec des hommes inconnus et probablement honnêtes ? Et, malgré l'admiration qu'inspirent les premiers, on ne les voit obtenir que quelques voix égarées, tandis que leur concurrent obscur obtient pour lui une masse imposante de suffrages ? N'est-ce pas évidemment que la France s'est formé une opinion indépendamment des éloges des journaux, des pamphlets, et que l'opinion repousse ceux-là mêmes que les libellistes soutiennent ? Mais rien ne prouve et ne caractérise mieux le discrédit où sont tombés tous ces héros de tribune, que le refus obstiné d'élire cet homme même qui, selon les éloges des fanatiques, est si recommandable par ses écrits, et plus encore par son éloquence entraînante et persuasive, enfin la providence des débats de l'Opposition. Son nom, colporté de département en département, finit par être partout repoussé, et ce personnage se voit éloigné aujourd'hui d'une fonction qu'il remplissait (encore selon leurs éloges) avec le plus grand honneur, et à la satisfaction de la France entière.

Quelles conséquences ne doit-on pas tirer d'un pareil fait ? N'est-il pas une preuve convaincante et certaine que la France repousse tout ce qui a un caractère d'exagération et se ressent de la faction ? Quant à moi, je vois, dans ce refus d'élire un des chefs du parti qui prétend être à la tête de l'opinion, le désaveu le plus formel de tous ses actes, et la censure non équivoque de tous ses débats ; et, sans trop forcer les conséquences, on peut croire qu'elle l'abandonne, ainsi que tous ses desseins et toutes ses espérances.

Si, d'un autre côté, un grand nombre d'hommes modérés et sages ont été éloignés de la Chambre, il ne faut attribuer cette négligence de la part des électeurs qu'au peu d'espoir qu'offrait à la France une assemblée composée de tant d'esprits médiocres, et gouvernée tyranniquement par les plus insensés et les plus furieux d'entre eux. Il en est de même du règne des petits esprits comme du souffle ardent des vents du midi, qui brûlent, dessèchent tout, et tarissent dans la nature toutes les sources de sa fécondité. Il crée le désordre au milieu du plus bel ordre, fait languir, étouffe et paralyse le plus beau patriotisme. De plus, il a le privilége de ternir l'éclat de la plus noble cause, de la présenter sous un vernis sombre et rembruni, et d'y jeter quelquefois du louche et de l'odieux même.

Que pourraient devenir ces mêmes colléges électoraux, si, guidés par des hommes sincèrement attachés à leur patrie, ils n'avaient que l'alternative de faire des choix convenables ? Combien d'insouciants retrouveraient du zèle, combien de timides retrouveraient du courage ? D'ailleurs l'opinion serait là pour distribuer la louange ou le blâme, honorer ou flétrir, et retremper aussi tous les esprits, en les animant d'un puissant amour pour la patrie. A la vue de tant d'énergie et de patriotisme, les plus zélés partisans du pouvoir actuel, désertant ses étendards, se rangeraient bientôt sous les bannières d'un parti qui aurait tant d'exaltation, d'enthousiasme et de dévouement. Bien loin que nos affaires soient en cet état, nous voyons une multitude de nains exhaussés s'agiter en tous les sens, et se multiplier par les journaux, les biographies, les pamphlets vantant, prônant des incapables, et égarer l'opinion en cherchant à lui donner un cours contraire à ses sentimens et à ses intérêts.

Et quels hommes présentent-ils à la France ? Des poëtes, des littérateurs, des publicistes ou apprentis publicistes, transformés tout-à-coup en grands orateurs, en profonds politiques. Tantôt ils prônent les hommes odieux de la révolution, et tantôt les plus vils courtisans de l'empire, qui tous, par leurs antécédens et leurs capacités, sont loin d'offrir des garanties suffisantes à la France. Après cela ils prétendent que, pleins de complaisance pour leurs desirs, pleins de soumission pour leurs volontés, les électeurs de la France les voient sous le même jour, les estiment sur l'échelle de leur estime, et se hâtent de confirmer leurs décisions et leurs ordres. Quand serons-nous donc délivrés tout-à-fait de leur tutelle odieuse ? Quand verrons-nous tomber et s'anéantir leur règne ignoble ? Quand cesserons-nous enfin d'entendre parler de ces hommes dont l'indomptable orgueil aimerait mieux voir périr la France, que de faire taire dans leurs cœurs les prétentions les plus insensées, ainsi que les espérances les plus coupables? Je ne crois pas me tromper : mais la France, depuis long-temps fatiguée de leur joug humiliant et de leur présence impor- tune, n'aspire plus qu'à les rejeter de son sein, comme un vil fardeau et un poids douloureux.

A la timidité, à l'insouciance des électeurs, à la stupeur de la France à l'approche des colléges élec- toraux, il n'était pas difficile d'en pénétrer les causes. Les masses, en retirant leur confiance, ont coutume de l'annoncer par la froideur et le silence, et c'est l'avant- coureur du mépris et de la haine. Quand au contraire les masses se prononcent en faveur des individus, avec quelle ardeur et quel zèle elles s'animent et s'échauffent réciproquement, et courent voter par dessus les toits, comme pour l'élection du plus jeune des Gracques! Il faut avouer encore, à la honte de ces mêmes hommes qui s'érigeaient en Solon ou en Péri- clès, que, placés comme ils l'étaient, et protégés par les lois, il y a maladresse, ineptie même, à n'avoir pu former une opinion selon leurs desseins et leurs pro- jets ambitieux, surtout chez un peuple généreux et reconnaissant, où nulle caste, nulle existence sociale prononcée n'empêche l'élan de ses affections et l'exécution de ses volontés. Toutefois ils ne s'en partageaient pas moins, dans leurs conciliabules et leurs coteries, les ministères, les pensions, les hautes magistra- tures : peuplant les tribunaux, l'armée et l'administra- tion toute entière de leurs créatures ; pensant qu'aussi- tôt arrivés au pouvoir, ils n'auraient plus qu'à nous aveugler par des sophismes, ou étourdir par des vociférations.

Graces soient donc rendues au ciel, de ce qu'il n'a pas permis que l'œuvre de leur puissance se consolidât, et de ce que nous ne sommes pas tombés sous le joug de tant de petits esprits qui seraient devenus infailliblement autant de dispotes ! Puisse-t-il ne pas ralentir ses bienfaits et consommer son ouvrage, enfin changer toute la face des affaires, en éclairant la France sur ses vrais intérêts et ses vrais défenseurs.

Depuis trop long-temps les hommes emportés ont la parole, et les gens de bien se taisent ; les fous dominent, et les sages obéissent. Il est temps enfin que cet ordre de choses vienne à finir, et que les hommes véritablement dignes de la nation reprennent dans les débats l'ascendant dû à leur mérite et à leurs vertus. Si l'Opposition ainsi réduite n'a pas des auxiliaires aussi nombreux, elle gagnera (ce qui est infiniment préférable) ce qu'elle perd par le nombre en noblesse, en décence et en dignité. En perdant quelques hommes passionnés, elle a plutôt remporté une victoire qu'essuyé une défaite ; et l'Opposition ainsi réduite formera sans doute une opinion forte et prononcée en France : ce que n'avait pu faire une Opposition plus ardente et plus nombreuse.

S'il m'est permis de donner ici des conseils, que l'Opposition s'attende à des succès prompts et décisifs, si elle sait offrir à la France un spectacle plein de noblesse et de grandeur. La situation actuelle des esprits n'est point l'apathie, ou un marasme politique; tous sont inquiets, agités, et cherchent une bannière, une planche de salut. Pour peu qu'on leur fasse entrevoir une conduite courageuse, énergique et fière, aussitôt il n'y aura plus qu'une seule opinion, un seul esprit, et un seul foyer de forces.

Que l'Opposition s'attache spécialement à conserver dans son sein l'ordre et la décence, dans la position désavantageuse où elle se trouve placée. Un homme prudent et circonspect, lorsqu'il ne peut empêcher les actes nuisibles qui se commettent sous ses yeux, se contente d'un avertissement tranquille et raisonné. Par là il ne descend jamais au-dessous de sa dignité, et ne compromet jamais son caractère. Que l'Opposition imite cette conduite dans ses débats, et qu'elle se contente d'une désapprobation sage et raisonnée des actes illégitimes et pernicieux de ses adversaires. Si, par un faux zèle ou l'entraînement des débats, ou même sous la maxime frivole et triviale souvent alléguée, *qu'il est toujours bon de crier par la fenêtre,* quelque membre exalté cherchait à la précipiter dans l'arène tumultueuse des passions, que son silence, ou même ses murmures, viennent aussitôt désapprouver la conduite de leur collègue, et l'arrêter dans sa fougue et ses emportemens.

C'est à vous surtout qu'il appartient de nous tirer

du mauvais pas où nous sommes engagés, qui, pleins d'ardeur et de zèle pour la patrie, et qui, forcés de voir s'agiter au-dessus de vous tant d'orgueilleux ineptes, gémissiez en silence de leur despotisme; c'est à vous qu'il appartient d'opérer maintenant le grand œuvre de notre salut. Mais ce n'est qué par la hardiesse jointe à la prudence, la fermeté à la modération, le zèle à la persévérance, que l'on vient à bout des plus grandes affaires. C'est pourquoi toute circonspection, tout zèle timide, serait aujourd'hui lâcheté. La France est sur le bord d'un abyme, et l'Opposition seule est placée assez haut pour pouvoir nous empêcher d'y être engloutis. Songez, messieurs, que la France et l'Europe toute entière ont les yeux fixés sur vous, qu'elles examinent et jugent vos actes, et que la postérité se chargera de les recueillir et de les caractériser. Elevez vos ames à la hauteur de votre position, dominez les circonstances, et surtout ne vous laissez pas influencer par les noms de modérantistes et de froids patriotes, dont le fanatisme de quelques individus vous accablera. Le succès, en justifiant votre conduite, fera taire bientôt toutes ces insultes, et la France, par vos soins, heureuse et libre, ne vous oubliera pas dans les témoignages flatteurs de sa reconnaissance.

FIN.